MW00934205

I love that you're my

Grandad

because

I Love You Because Books
www.riverbreezepress.com

To Grandad

Love, ______________________

Date: ______________________

The best thing about you is your

____

Thank you for being patient with me when

____

You are better than a

____

You should win the grand prize for

____

You make me feel special when

____

Grandad, I love you more than

____

I love when you tell me about

____

I love when we

____

together

You taught me how to

____

I know you love me because

____

I wish I could

____

as well as
you do

Grandad, I love that we have the same

____

You should be the king of

____

You have an amazing talent for

____

Grandad, you make me laugh when you

____

I wish I had more time to

____

with you

You make the best

____

You have inspired me to

____

If I could give you anything it would be

____

I would love to go

____

with you

You are
there for me when

____

Grandad, I love you because you are

____

Made in United States
Orlando, FL
08 November 2022

24333901R00028